LE PROPAGATEUR

DE LA

RÉFORME ÉLECTORALE,

PUBLIÉ SOUS LES AUSPICES

DU COMITÉ RÉFORMISTE

DE MARSEILLE,

Par AILLAUD P.-E.

Livraison.

MARSEILLE.

IMPRIMERIE DE SENÉS RUE SAINT-FERRÉOL, 27.

1841.

DES OBSTACLES QUI S'OPPOSENT
A LA RÉFORME.

La justice de la réforme électorale est un fait hors de doute, généralement reconnu, inutile à discuter, admis par nos adversaires, qui ne doutent plus comme leurs nobles devanciers, et pour cause, qu'un paysan ne soit un homme.

La contestation s'établit seulement entre les gouvernans et nous sur la possibilité de l'application. A les croire, c'est juste, mais c'est impossible. Nous disons, au contraire : C'est juste, donc c'est possible.

Cela dit, nous allons voir les obstacles qui s'opposent à ce qu'une chose juste soit possible, et examiner s'il y a contradiction dans les lois de ce monde, de sorte que le jour soit pour les uns, la nuit pour les autres, le bonheur pour ceux-ci, le malheur pour ceux-là; de manière que vainement nous chercherons toujours à troubler ce qui est l'ordre; ou bien, si le tout étant le fait seul de la force, de la puissance, n'est qu'un état précaire créé par l'homme.

Qui reconnaît l'impossibilité? nos adversaires. Que sont nos adversaires? des hommes comme nous, ils daignent en convenir; mais des hommes qui profitent de ce qui existe, qui perdraient à ce que nous demandons, et qui, jugés, d'après nous, sauf injures, intéressés dans la question, sont suspects; auxquels on pourrait appliquer, à juste titre, le vieil adage : *Timeo Danaos*, etc., qui se traduit en langue vulgaire par ceci : ceux qui ont un intérêt opposé au nôtre sont nos ennemis; il est par trop simple de croire ce qu'ils disent, et leurs présens, quand ils en font, renferment des guerriers si c'est un cheval de bois, et des mensonges, si c'est une charte-vérité.

Répondons encore préliminairement toujours à une accusation de nos ennemis et qu'ils nous imputent à crime: c'est de diviser, dans la discussion, les Français en deux camps, les gouvernans et les gouvernés, et chercher à exciter la haine des uns contre les autres, en tâchant de prouver que ceux-ci sont les mangeurs et ceux-là les mangés, cas prévu et punissable par je ne sais quelle loi; non d'être des uns ou des autres, entendons-nous, mais, pour les derniers, de s'aviser de la différence.

De telle manière que les uns peuvent dire: nous seuls sommes dignes, *vade retrò*, éloignez-vous, indignes, bons tout au plus à travailler. Et ces pauvres indignes, s'ils disent: nous ne sommes pas autant que vous, car nous souffrons, et vous jouissez à nos dépens; permettez, pour que justice soit, que nous nous confondions ensemble, nos seigneurs et maîtres; non pour l'honneur, mais pour le profit. Tel raisonnement est défendu comme divisant les Français et les excitant à la haine les uns contre les autres.

Nous ne pouvons dire ce que nous pensons, plus fort répéter ce que nos adversaires disent; que pouvons-nous donc? Vous taire. C'est juste, car je combats depuis un quart d'heure contre un moulin à vent.

Revenons : les obstacles qu'on nous oppose comme fin de non-recevoir, les obstacles qui viennent de nos gouvernans, sont ceux-ci à peu près :

La réforme électorale, c'est-à-dire le vote général, est impossible quoique juste (notez bien !), parce que de ce vote il en sortirait une autre

forme de gouvernement, la république peut-être,
et que la république est impossible en France. (Ce
sont nos gouvernans qui parlent.) Cependant nous
nous accommoderions bien de ce que vous voulez,
nous croyant assez adroits pour tirer notre épin-
gle du jeu ; mais nos voisins le voudraient-ils? Si
vous saviez combien il est difficile de les contenter,
nos voisins! à peine s'ils nous supportent. En effet,
alors ils sont difficiles.

Et puis, quand même, ce n'est que la canaille
qui demande cette forme de gouvernement, profitable seulement à elle. Et vite la calomnie! et
vite, comme épouvantail, un portrait de quatre-
vingt-neuf, fait par eux de fantaisie, à leur guise,
faux et hideux, c'est-à-dire !

Et comme les simples sont en majorité, et que
de la calomnie il en reste toujours quelque chose,
d'après Basile, la majorité tremble, se signe et dit
prudemment : De deux maux choisissons le moindre. Donc messeigneurs, régnez et écrasez-nous le
plus doucement possible.

Et, triomphe inique! nos gouvernans recon-
naissent l'injustice de leur cause, n'osent soutenir
qu'elle est bonne, avouent même qu'elle est mauvaise, et ne se maintiennent qu'en épouvantant
du règne de pires qu'eux.

Voilà donc les grands obstacles! C'est en évo-
quant à propos le fantôme de quatre-vingt-neuf,

c'est en nous menaçant de la colère de nos voisins, c'est en proclamant la république impossible parce que nous ne sommes pas assez justes, que les puissans repoussent la réforme électorale, que les timorés, fort nombreux, font leur cauchemar de ce mot, et que les partisans de cette mesure, qui est devenue une nécessité, se voyant éconduits, n'ont plus que la ressource de l'obtenir par la violence.

Examinons successivement toutes ces objections plus spécieuses que solides.

D'abord est-ce bien assuré que de la réforme électorale naquît infailliblement la république ? Toute autre forme de gouvernement ne pourrait-elle s'en accommoder ? Si vous dites non, je répondrai tant-pis, non pour la république, mais pour les différens gouvernemens qui ne peuvent admettre un principe que nous reconnaissons tous être juste, et par conséquent le seul juste.

Si vous dites oui, qui peut vous faire penser alors que du vote général ne sortît un gouvernement absolu, un gouvernement mixte ou irrégulier, selon la classification de Puffendorf ?

Qui vous dit qu'on ne puisse choisir le plus fort, le plus vaillant ou même le plus juste, ainsi que firent les Mèdes en la personne de Déjocées ? manie nouvelle alors et qui n'a pas depuis trouvé d'imitateurs.

Qui vous dit...? Mais ce n'est là votre souci, ni le mien; vous êtes seulement persuadés, et c'est ce qui vous tracasse, que du vote général, sûrement, ne sortirait pas ce qui existe; et de là, je suppose, votre antipathie contre cette mesure. Vous ne voulez pas d'une chose juste, parce que vous profitez d'une chose qui ne l'est pas; vous vous opposez à ce que le bien arrive, parce que vous profitez du mal.

De là, à nous calomnier, à se mentir à soi-même, il n'est qu'un pas, ou je ne connais point l'homme; d'où je puis répéter avec raison : *Timeo Danaos*. Vos objections ne doivent être que des sophismes, car elles sont intéressées.

Remarquons, en passant et comme digression, que si, d'après vous, le vote général doit nécessairement détruire ce qui existe, par respect pour la logique, il ne vous est plus permis de vous dire enfans de la souveraineté populaire; car si ce n'est volontairement méconnaître votre origine bâtarde et équivoque, c'est, vous en conviendrez, de votre part, toujours, une petite contradiction.

D'après vous, donc, la république a le plus de chances avec le vote général. Je ne m'en afflige ni ne m'en réjouis : ce n'est point la république que nous demandons, mais la réforme électorale, radicale et complète, qui ne s'arrête qu'où l'impossibilité de manifester légalement sa volonté sera reconnue.

J'accepterai tout ce qui découlera de ce principe ; je serai partisan, et d'Henri de France, comme l'appellent les siens, et du prisonnier de Ham, et de tout autre. Seulement, je douterai du bon accord de certains mots contradictoires, tels que *roi* et *égalité*, *trône* et *souveraineté populaire* ; assemblage jésuitique, appât des niais, jonglerie politique à l'usage des exploiteurs modernes.

Mais avec une bonne barrière toujours à la portée du véritable souverain, avec une bonne muselière pour l'insensé ou l'ambitieux qui voudrait faire supporter à tous ses caprices et sa volonté en les substituant à la loi, je m'accommoderai de tout. Prenez-en acte.

Il n'aurait même tenu qu'à vous de nous avoir tous pour partisans. Nous étions tous des vôtres en juillet, il y a quelque dix ans, lors de cette révolution anodine où rien ne fut changé en France, sauf un coq piétinant sur des fleurs-de-lis. Mais, illusion de courte durée ! vous nous aviez promis la meilleure des républiques, et vous nous avez donné, quoi ? Ah ! la différence est trop grande ; c'est votre faute, en mon ame et conscience.

Enfin, il est bien reconnu, d'après vous, que la réforme électorale amènerait la république. Nous admettons ce fait, puisque vous le voulez ; mais ce que nous n'admettons pas également, c'est que la république qui doit venir fût en tous points semblable à celle que vous évoquez sans cesse.

En effet, afin que les mêmes résultats eussent lieu, il faudrait les mêmes causes pour les produire, et, Dieu merci, nous ne voyons rien de semblable. Où sont ces nobles bardés de priviléges, croyant toujours être d'une nature plus parfaite que ces vilains mal appris qui eurent l'audace de raisonner et le bonheur d'être les plus forts? Où sont ces ministres qui perdraient leur roi par leur conseils pernicieux? Où est ce monarque qui creusait le précipice par faiblesse et bonnes intentions, peut-être? Où sont ces Français qui voudraient reconstituer une nouvelle armée de Condé? Ceux surtout qui, de l'intérieur, consentiraient à correspondre avec elle? Ceux encore qui solliciteraient, qui mendieraient auprès des rois, auprès des mangeurs de peuples (style d'écriture) la conquête de la France, leur patrie? pensant qu'elle appartenait de droit au premier occupant couronné, depuis que son propriétaire avait été mis à mort. Où sont ceux qui, paradant dans l'armée d'un autre Brunswick, promettraient encore d'avoir bon marché d'une bande de cordonniers, croyant qu'il faut dater son blason de la première croisade pour avoir du courage.

Où seraient-ils enfin ceux qui, pour de l'or.... Mais qu'ai-je dit? pour de l'or! Ah! c'est son règne, de ce métal. Pour de l'or!... Commandez, Anglais! vous en trouverez qui se laisseront corrompre ;

vous en trouverez qui, déjà corrompus, ne demanderont qu'à se vendre. Oh! vous êtes la nation la plus puissante de la terre, si vous en êtes la plus riche. Pourquoi vos canons et vos forteresses flottantes ? Semez, semez de l'or, et rien ne vous résistera ; c'est le grand moteur aujourd'hui ; vous n'aurez à mitrailler et démolir que ce que vous dédaignerez d'acheter. La France est à vous; non le sol, non ceux qui le cultivent, mais ceux qui voient le déshonneur dans le travail; les puissans, ceux qui n'ont qu'un Dieu, qu'une foi, qu'une loi, l'or. Donnez-leur-en, de l'or, ils sont à vous; donnez-leur-en, ils vous serviront; donnez-leur-en, ils vous livreront leurs frères, leurs pères, leurs enfans, leurs femmes, leur patrie. Que leur importe ? tout cela, qu'est-ce, s'ils peuvent l'échanger contre de l'or ?

Ah ! je me suis trompé, peut-être. Quand je réfléchis mûrement, oui, une république pourrait être sanglante ; si des hommes intègres commandaient, on pourrait les accuser de bien des crimes. Que de coupables, que de traîtres, que de corrompus ! Mais dans l'ébullition aussi, que d'erreurs, que d'innocens ! Que celui qui est sans péché jette la première pierre, dirai-je toujours à la vengeance qui invoque la nécessité; que celui qui est sans péché jette la première pierre, dirai-je encore aux fanatiques de toutes les couleurs qui ne voient pas

que le sang répandu retombe sur celui qui l'a versé,
et qu'il n'est jamais profitable de commettre un
crime; et qu'il en est beaucoup en politique, de
crimes; car, le trop souvent, le droit du plus fort
tient lieu de logique, de justice et de légalité.

Souvenons-nous du passé comme leçon pour
l'avenir, mais non pour nous accuser mutuelle-
ment. Je l'ai déjà dit : que nous soyons blancs ou
bleus, ne sommes-nous pas toujours des hommes?
n'avons-nous pas tous les mêmes faiblesses, les
mêmes vices, les mêmes passions?

Aussi, indépendamment des couleurs, que voyons-
nous toujours, de tout temps, dans nos discordes
civiles? des juges, des bourreaux, des crimes et
des massacres: Fouquier-Thinville, Laubardemont,
plus loin Tristan, plus près les grands-juges de
mil huit cent quinze, la Saint-Barthélemy, les
journées de septembre, la Jacquerie et ses réactions,
la Fronde, Trestaillon l'assassin, Marat le fanati-
que.

De quel côté l'avantage du nombre, de quel
côté l'aveuglement le plus excusable, les motifs les
plus plausibles pour frapper? N'examinons rien de
cela, j'aurai sans doute l'avantage ici; mais il est
moitié cruel, celui qui peut faire dés différences,
car toujours les assassins sont coupables, et toujours les victimes sont intéressantes.

La république ne fut qu'une révolution, et elle

a participé des défauts de toutes les révolutions : des crimes ont été commis au nom de la nécessité, de grands intérêts étaient en jeu ; il n'en pouvait être autrement. Que les gouvernans, paisibles possesseurs, veuillent nous épouvanter de cet état transitoire, nommé révolution, qu'ils nous forcent de traverser pour arriver au bien, je le conçois, mais qu'ils veuillent déverser, sur l'œuvre de nos pères, une flétrissure indélébile et unique dans notre histoire ; qu'ils veuillent, dans leur intérêt, calomnier une époque de gloire pour la France ; c'est de leur part une insigne mauvaise foi.

La révolution de quatre-vingt-neuf a été sanglante ; qui le nie ? Mais je ne sais si c'est à nos gouvernans à le répèter sans cesse. La révolution de quatre-vingt-neuf a été glorieuse, féconde en résultats améliorateurs ; elle est un pas immense dans le progrès : je ne sais si le peuple seul devrait s'en souvenir.

Si quelque chose pouvait effacer le sang, le patriotisme, l'intégrité, la gloire, tout ce qui est grand concourrait pour l'absoudre.

Combien d'époques, dans notre histoire, ne nous présentent que la basse cupidité, la honte et le crime ! Que de misères sans compensation ! Que de victimes dont le sang n'a rien fructifié ! Que de jours de massacre, sans résultats pour l'humanité ! En regard de pareilles choses, je vous le demande, vos imputations ne sont-elles pas mensongèrement et méchamment calomnieuses ?

Nous ne voulons pas plus que vous d'un nouveau Saturne, dont les enfans sont les premières victimes ; mais si pour détruire les abus que vous avez créés, pour alléger les charges qui nous écrasent pour abaisser votre orgueil de nouvelle date, pour n'être point solidaire de votre honte, pour procurer enfin un peu de bien-être à cette classe nombreuse, si intéressante, qui travaille pour tous et qui souffre pour tous, il fallait traverser des jours semblables, nous n'hésiterions pas un instant : la conscience tranquille, nous mourrions avec joie, car notre sang n'aurait pas été répandu inutilement.

Mais, je le répète encore, si nous passions par les phases d'une nouvelle révolution, la faute en serait à vous. Nous demandons la réforme électorale ; nous ne sommes pas mal de demandeurs. Si l'épreuve est douteuse, selon vous, suivons la marche ordinaire ; passons au scrutin secret et nous compterons vos partisans. Mais tout cela est inutile ; vous le savez mieux que nous, l'homme, en général, veut tout ce qui est dans son intérêt. Or, voici le résultat du scrutin : deux cent mille pour vous, cent mille de plus encore pour l'appoint ; tout le reste est pour nous, c'est-à-dire sept à huit millions...... bagatelle !

Et ne discutez pas mes chiffres, car je suis dans le vrai ; ma base est solide, sept à huit millions veulent la réforme ou la voudraient, sans les malheurs qu'ils redoutent, non de cette mesure , mais de votre opposition à cette mesure, ne confondons pas ; car, s'il m'est permis de voyager encore dans le champ des suppositions , supposons que tous nous fussions partisans de la réforme, qu'en arriverait-il ? nous voterions tous, au lieu de quelques-uns ; voilà tout.

Mais, non, tout n'est pas là ; si nous votions tous, vos voix n'auraient plus la même valeur ; car vous savez bien, aristocratie de marchands, ce que fait la concurrence... Si nous votions tous, nous serions tous représentés, et nos représentans, alors, au lieu de faire les affaires de ceux qui les ont nommés, c'est-à-dire de quelques-uns, feraient les affaires de tous ; les leurs, d'abord, c'est sous entendu. Il n'en résulterait pas la perfectibilité, c'est impossible ; mais ce serait toujours un pas vers elle. Au lieu de promettre, comme les élus de quelques-uns, des demi-bourses, perceptions, sous-préfectures, bureaux de tabac, surnumérariats et tant d'autres petits présens pour entretenir l'amitié et payer des consciences, l'élu de tous promettrait, par exemple, l'abolition de l'impôt du sel. Ce serait à cette condition alors qu'il obtiendrait la majorité, je suppose ; s'il votait l'impôt du

sel, nous lui dirions tous, comme disent mainte-
nant ceux qui n'ont rien obtenu pour eux-mêmes : Nous ne voulons plus de vous, vous n'avez
pas tenu vos promesses. Les conditions seraient
changées; nous payerions nos députés pour qu'ils
fissent nos affaires; ils les feraient, je pense, pour
obtenir encore notre confiance.

La tâche des élus serait alors plus facile : ils
n'auraient plus besoin de se servir de ce langage
nommé poliment parlementaire; ils arriveraient à
la chambre et diraient : J'ai promis telle chose, je
viens l'appuyer de mon vote et de ma parole (si
c'était un député parlant): je suis nommé par la
majorité, je viens faire les affaires de la majorité.
Quelques-uns en souffriraient, il est vrai, tout
comme fait depuis long-temps le plus grand nombre.

Les élus abuseraient moins de leur mandat
s'ils avaient moins à attendre du pouvoir qui exécute, et plus du pouvoir qui les nomme; véritable
pouvoir alors, pouvoir souverain.

Et ainsi se trouverait détruit cet abus énorme,
père de tous les autres abus: c'est-à-dire le pouvoir
qui nomme, le pouvoir duquel devrait découler tous
les autres, cherchant sa force et son appui dans le
pouvoir qui exécute, se faisant complice de ce
pouvoir, s'abaissant, s'annihilant devant lui, re-

cevant sa loi, se détruisant à son profit; et cela, parce que, n'étant qu'une fiction, n'ayant aucune base, il ne peut trouver sa force en lui-même. Aussi, voyez ce que produit cet état hors nature : comme fait, les caprices du pouvoir absolu; comme moyens, le mensonge et la corruption; comme produits enfin, l'exploitation, le dépouillement de cette classe nombreuse qui n'est ni pouvoir qui exécute, ni pouvoir qui nomme.

Mais revenons à mon sujet, de par la logique et les lois de septembre.

Dire donc que la réforme électorale amènerait la république, c'est être dans le vrai, si l'on entend par république un état de chose où tous participent au gouvernement, où les gros traitemens et les priviléges doivent disparaître, où la somme générale de bonheur doit être répartie avec plus de justice, où l'on pourrait espérer, voyez le sacrilége! que le représentant de l'état, roi, président, consul, calife, ou grand-seigneur, daignât accepter cette charge pour un demi-million, plus l'honneur.

Mais dire que c'est ce qui doit empêcher la réforme électorale, c'est avoir tort; dire que cet état serait pire que celui existant, c'est profiter de ce qui existe, ou faire croire qu'on en profite.

Pour empêcher la réforme électorale, dire que

nous aurions un autre quatre-vingt-neuf, c'est mentir par ignorance ou ne pas connaître son siècle ; et, pour épouvanter les simples, faire de cette époque une calamité monstrueuse, unique dans notre histoire, c'est, pour la plupart, être peu reconnaissans ou peu mémoratifs.

D'autres ne voient de cette époque qu'un fait, qu'un crime, qu'un jour, le vingt-un janvier ; pour eux, la mort des Girondins, des Dantonistes, de Bailly, de Rolland, de Barnave et tant d'autres, tout cela n'est rien, tout s'efface devant l'illustre victime : pareils à l'architecte imprudent qui croirait que du faîte dépend la solidité de l'édifice, ils s'écrient, dans leur aveuglement : Périsse tout le reste, pourvu que le paratonnerre reste debout! Ils voient l'état perdu par la mort d'un seul homme ; vieille erreur, bien funeste, que soutiennent encore de bonne foi les partisans du pouvoir absolu.

Je ne vois dans la victime du vingt-un janvier qu'une victime de plus, innocente ou coupable, mais à plaindre. La hache du bourreau fit-elle ce jour-là plus difficilement son cruel office ? Le temps pour envoyer un homme à l'éternité fut-il plus long ? Le soleil se voila-t-il ? Non, car ce n'était qu'un homme ; non, car ce n'était encore qu'une victime.

Les conséquences de cette mort furent plus funestes, c'est vrai. Pourquoi donner à un homme plus d'importance que sa fragilité comporte ? Pourquoi faire reposer dans un homme la sûreté d'un état ? Les passions, les faiblesses, la folie, la mort, ne sont-elles pas aussi son partage, de celui-là ? N'est-ce pas au moins imprudent de faire dépendre tant de têtes d'une seule tête ?

Dans certains pays, quand l'époux meurt, la femme doit mourir aussi ; dans d'autres, les esclaves étaient sacrifiés sur le tombeau du maître : nous trouvons tout cela barbare, avec raison ; et cependant de la vie d'un seul homme, de la volonté d'un seul homme, il est d'autres êtres qui veulent encore que leur vie et leur volonté dépendent de la sienne.

D'après mon principe invariable, ne serait-ce point ceux qui, placés immédiatement au dessous du premier, consentiraient à ramper le matin devant celui-ci pour obtenir le soir les mêmes hommages, les mêmes flagorneries de ceux que leur orgueil se plaît à placer au dessous d'eux ?

Veulent-ils de ce principe, à cause de son antiquité ? le croient-ils vrai parce qu'il existe ? Ce serait mal raisonner encore, ce serait même ne pas raisonner du tout. Galilée fut contraint de faire amende honorable, le hart au cou, pieds nus, pour avoir osé dire : la terre tourne. Galilée était un savant ; il était tellement convaincu de cela, qu'en se relevant il ne put s'empêcher de s'écrier malgré lui : *Et cependant elle se meut!* ce qui voulait dire au pape et aux cardinaux : malgré ma rétractation forcée, malgré mon amende honorable, la terre tourne. Le principe contraire, celui qui avait toujours prévalu avant Galilée, celui qui, adopté par la Genèse, paraissait avoir une origine divine, était que la terre restait immobile tandis, que le soleil tournait autour d'elle. Cependant, depuis Galilée, on s'est soumis à l'évidence, on a reconnu la vérité : la terre tourne.

Il en est de même en politique comme en science. Détrôner un fait est difficile; mais enfin la vérité se fait jour petit à petit, le bien arrive. Ne nous décourageons pas. Le monde est vieux, dit-on; qui sait s'il n'est pas jeune encore, en égard à sa durée? Le plus ou moins d'existence d'une erreur ne la rend pas plus respectable : une injustice dont la durée est déja longue n'en est que plus odieuse; tout doit s'incliner devant la vérité, tout doit disparaître devant la justice.

Or, c'est injuste qu'un homme soit plus que les autres, sinon le génie et l'intelligence, véritables puissances qu'on ne détrônera jamais. Tous égaux, la loi pour tous et au dessus de tous, voilà la vérité.

S'il n'était pire sourd que celui qui veut le faire, je dirai à nos ennemis : mentir pour soutenir une chose, c'est en reconnaître l'injustice; car la justice perd toujours à être voilée, et ne s'accommode que de la vérité. Vouloir être plus que les autres, c'est être injuste ; si des maux surviennent de ce vouloir, c'est être comptable de ces maux ; les rejeter sur ceux qui ne demandent que l'égalité, quand même l'agression viendrait de ces derniers, c'est mentir à l'évidence. Nul n'est coupable pour demander une chose juste, nul n'est criminel pour faire prévaloir une chose réellement juste, sauf celui qui pour ce but commet une injustice ; or, je vous le demande, je le demande à tous, de par la nature, de par le créateur, ne sommes-nous pas tous égaux ? Quoi donc de plus monstrueux que ce qui existe ?

Et ne me répétez point : ce que vous demandez est impossible. Si l'homme avait usé, pour faire le bien, tout le génie, tout le savoir, tout le travail qu'il a dépensé pour faire le mal, vous trouveriez plus impossible ce qui existe que ce que nous demandons.

L'effroi de la république ne doit point nous arrêter dans notre marche vers le progrès : son char, dans la route que vous semez d'ornières et de précipices, suivra son cours lent, mais incessant, malgré les obstacles de toute nature que vous lui opposez ; mais si ses roues se teignaient de sang, ce qu'à Dieu ne plaise, si, dans ses cahotemens, il écrasait pêle-mêle et ses conducteurs et les aveugles qui entravent sa marche, la faute en serait à ces derniers, car le char du progrès marche vers la justice.

Nos voisins ne voudraient pas, dites-vous ensuite, que nous fussions tous représentés. Ils ne veulent pas cela ? en ont-ils le droit ? demanderai-je d'abord. Non, certainement. Alors ? Ils sont les plus forts. C'est vous encore qui le dites ; nouvel épouvantail peut-être. Nos voisins sont de fort honnêtes gens, chez lesquels un seul commande tous les autres. C'est leur goût, tant qu'ils voudront que cela soit. Les éclairés d'entre nos voisins trouvent cependant, à ce qu'on dit, que le pouvoir d'un seul n'est peut-être pas le plus juste ; mais les masses paient et saluent encore, genoux à terre, le chaperon de Gessler.

Les masses çà et là raisonnent bien un peu. Quelle peste que le raisonnement ! Les *carcere duro* en font bonne justice. Vive les machines, pour ceux qui gouvernent ! En France, nous sommes plus avancés : il y a bien aussi des *carcere duro* pour les raisonneurs, mais c'est égal, chacun raisonne, pense, et il sera bientôt impossible, dans ce damné pays, de faire du charlatanisme et de la fantasmagorie politique.

Et vous, qui voyez l'injustice vous échapper, qui pensez que bientôt, bon gré mal gré, il faudra céder ce que vous possédez indument, vous appelez nos voisins à votre aide, vous nous épouvantez de leurs concours et de leur colère ; mais alors une réflexion dans votre intérêt.

Nos voisins sont des hommes aussi. Parmi eux, quoique un peu plus dociles encore, il en est qui souffrent, qui n'ont rien, qui ne possèdent rien, qui ne sont rien enfin, si ce n'est des hommes, triste titre, selon vous, auprès de celui de duc et pair. Ce ne sont pas ceux-là, je suppose, que vous appellerez à votre aide ; l'erreur serait trop grande, car ceux-là sont des nôtres. Par nos voisins, vous entendez, sans doute, les gouvernans voisine, les voisins qui commandent comme vous voudriez commander, sans contrôle, *et par droit de naissance et par droit de conquête ;* les voisins qui vivent comme vous de priviléges, de sorbets et de la sueur de la canaille, qui savourent l'ambroisie, et pensent, lorsqu'ils ont bu, que la terre est ivre. Oh ! ces voisins sont pour vous, j'en conviens ; comptez sur leur concours, vous êtes solidaires.

Ceux-là ont raison, dans leur intérêt, comme vous dans le vôtre, d'empêcher que le bien arrive ; mettez-vous à l'œuvre tous.

Mais nous aussi nous appellerons nos voisins, et nos voisins à nous ce sont les peuples, nos frères, unis ensemble, solidaires tous par la souffrance, et nous leur dirons : ne considérez point notre état, on pourrait vous faire accroire que vous êtes plus heureux que nous ; voyez notre but seulement. Si nous souffrons pour y arriver, si vous voyez sur nos corps des plaies, sur nos vêtemens des accrocs, dans nos havresacs du pain noir, c'est que nous sommes en marche, nous combattons. Nos misères ne viennent que de la lutte contre le mal, que de la pérégrination vers le bien ; nous sommes prêts à l'atteindre, et pour vous et pour nous. Aidez-nous donc, car notre intérêt est le même.

Et ils nous entendront, nos frères, car ils sont des hommes ; et ils nous croiront, car nous n'avons pas intérêt à les tromper.

Et alors vienne la lutte que vous aurez provoquée, viennent ces jours de conflagration peut-être nécessaire, et vous verrez si, comme autrefois, sur le mont Sinaï, la voix de Dieu ou du peuple, car c'est la même ; ne se fera point entendre, puissante, parmi les éclairs et les tonnerres, ne dictera pas des lois justes et équitables, devant lesquelles seront contrains de s'incliner les ennemis de l'équité et de la justice.

Si les temps n'étaient point accomplis, si le règne du mal devait durer encore, si nos frères ne nous comprenaient point, nous combattrions alors forte de notre droit, déplorant leur aveuglement ; tout serait mis en jeu, tout serait armes pour combattre. Comme dit l'homme national : Nous serions victorieux, je pense, si nous avions soin de nous méfier de la trahison et des traîtres. Nous serions victorieux, j'espère, car on est fort chez soi.

Si nous étions vaincus, nous courberions nos fronts; au lieu de bêcher notre champ à notre fantaisie, on nous attellerait peut-être pour le labourer, trop légère différence et qui ne peut être mise en compensation avec la satisfaction de faire son devoir d'abord, ensuite de n'être plus les esclaves, les victimes, les souffre-douleur de nos propres frères, de nos frères nés de la même famille, portant le même nom que nous, et dont la tyrannie et la cruauté, s'il faut le dire, seraient difficilement dépassés par nos nouveaux maîtres.

Nos enfans conserveraient les traditions de leurs pères et se lèveraient encore, non pour nous venger, car c'est un crime que la vengeance, mais pour accomplir l'œuvre pour laquelle nous aurions succombé. Les enfans de ceux qui nous auraient vaincus, plus éclairés peut-être que leurs devanciers, ne continueraient plus le long sacrilége de l'ignorance; car, en définitive, dans la lutte du bien contre le mal, le résultat ne peut être douteux et sous les efforts de tous. Que de maux disparaîtront de la terre.

Si tout cœur généreux ne conservait cet espoir ; si le froid égoïsme du puissant devait toujours étreindre, de ses serres avides, le faible comme une proie ; si des siècles infinis de bonheur ne devaient point luire successivement sur la terre, quels seraient les desseins de la Providence ? La créature ne pourait-elle point maudire le créateur?

Combien peu d'homme ont le courage de leur opinion ! C'est ce que j'observe après chaque évé-nement ou se mêle la politique.

Qu'une de ces trompette aux gages du pouvoir et qui s'enflent chaque matin sous l'influence cor-ruptrice de son soufle et de son or , proclame un événement défavorable à un parti, vite ce parti qu'on a soin de dire solidaire du fait, renie ce fait, en abandonne les auteurs et dit comme Pierre; Je ne suis point de la compagnie de cet homme.

Aussi telle est la force de cette vérité que les partis divers , plus souvent le pouvoir, semblent produire des événemens criminels pour en écraser le parti qu'ils craignent et y puiser pour eux force et longevité ; moyen puissant mais bien im-moral aux yeux de l'homme raisonnable.

Pour les crimes individuels, les partis ont raison; ils restent personnels dans tout état. Pour les principes politiques, ils ont tort; tous ceux du parti sont solidaires.

Que le corps judiciaire dise par exemple : nous devons soutenir le pouvoir, fût-il injuste; la justice a tort ou raison, mais en cela elle est solidaire. Mais qu'un juge pour appliquer ce principe soit prévaricateur, ce n'est point une tâche pour la justice.

Que Mingrat abuse de la confession et assassine sa maîtresse, le clergé n'a pas a en rougir; mais si ce corps admet le principe : *Hors de l'Eglise point de salut. Sans la confession, damnation éternelle;* les prêtres ont tort si ces dogmes sont hérétiques.

Nous demandons la réforme électorale. Nous la voulons afin que le bien arrive selon nous; afin que la position du plus grand nombre soit meilleure. Nous la voulons, ce qui est nous paraissant mauvais et injuste.

Si la novation que nous demandons est un mal, pour cela nous sommes solidaires; le parti entier est coupable.

Mais si ce que nous demandons est un bien et que des méchans ou des ignorans s'en emparent pour faire le mal, n'est-ce pas de toute injustice de rendre le parti passible et responsable de leurs méfaits.

Tous les hommes qui souffrent sont de notre parti ; tous les malheureux désirent un changement et ne sait-on pas que pour ceux-ci changer c'est être mieux. Impatiens peut-être proportionnellement à leurs souffrances, ils veulent hâter un événement infaillible, mais encore éloigné, et, tirailleurs imprudens, ils tombent loin de leur camp dans les embuches de leurs ennemis.

D'autres au nom de la cause dont ils portent les couleurs commettent un crime, exercent une vengeance personnelle.

Cependant, gens du roi, exploitez ces faits, commentez-les, grossissez-les, colomniez, inventez, vous ne me ferez point rougir ; j'accepte les hommes, je leur laisse la responsabilité de leurs actions et m'écrie, fort de mon bon droit et de la justice de ma cause, malgré vos imputations, comme la victime de Verès sous les verges des licteurs: Je suis citoyen romain.

Je suis partisan de la réforme électorale et de toutes les conséquences. Nous voulons le bien, nous prêchons le bien, nous tendons vers le bien, et cependant s'ils font le mal vous vous écriez : c'est à vous la faute.

Sans faire la part de l'humanité, surtout de l'ignorance, ne voyant qu'à travers le prisme de votre intérêt, vous dites : ce sont vos principes subversifs qui sont la cause de ces maux. Sans rendre calomnie pour calomnie, ne pourrions-nous pas aussi dire : c'est votre exemple qui en est la cause ? Ne le pourrions-nous pas avec raison s'il y avait plus de similitude entre vos actions et leur conduite qu'entre eux et nous ?

Examinons donc et nous jugerons après. Jouir aux dépens d'autrui est un mal, disons-nous, et nous demandons l'égalité des droits. Vous ne soutenez pas le principe contraire, je pense, mais vous demandez des priviléges. Que font-ils, eux ? Ils veulent enlever à d'autres ce qui leur appartient par le privilége de la force. Quelle différence, je vous le demande, hors votre légalité conventionnelle ?

Cependant vous vous défendez d'une telle accointance, et au premier abord vous semblez avoir raison, mais au fond..... Alexandre et le pirate.

Leur manière est rustre, leur aspect épouvante, leurs mains sont calleuses, leurs cheveux pendent en désordre, leur figure est sale et repoussante, leur langage est impur, ils tuent avec des haches, des marteaux, des instrumens grossiers; ils insultent leurs victimes, après leur mort; ils sont ce qu'étaient les rois au seizième siècle. Pour eux le corps d'un ennemi ne sent jamais mauvais; ils volent et outragent, incendient et violent en même temps.

Vous, au contraire, quelle urbanité, quelle po-

litesse; vos poignards ont des manches damasqui-
nés, vos mains sont gantées avec soin, c'est même
une condition nécessaire pour le succès, comme
pour eux de les avoir calleuses. Vous n'outragez
pas mais vous méprisez vos victimes; vous n'in
cendiez pas, mais tout s'étiole sous votre influence
dévorante; vous ne violez pas, mais vous corrom-
pez, ce qui est pire.

Et pourtant à vous la gloire et les honneurs, et
pourtant à eux l'infamie et le châtiment; et pourtant où est la différence? Je ne la vois que dans les
moyens. Vous voulez tous jouir sans produire.

Placés aux deux bouts de l'échelle, vous réalisez
le proverbe : *les extrêmes se touchent*, et sans les
intermédiaires que vous méprisez la Providence
aurait noyé, je pense, le monde dans un nouveau
déluge, et ce serait justice si vous l'habitiez seuls.

Pour nous rendre méprisables, nous humani-
taires qui disons : tous les hommes sont égaux,
vous nous montrez un homme choisi par vous,
recouvert de boue et d'ordure, de misère et d'i-
gnorance, homme que vous vous êtes donné la
peine de tatouer encore, et vous dites : voilà ton
frère, ton égal, ses vices sont les tiens, tous deux
vous êtes méprisables, car vous faites cause commune, et qui se ressemble s'assemble, si j'ose me
servir de la trivialité proverbiale.

Sous le rapport moral, gagnerons-nous davantage d'être des vôtres ? Je ne le pense pas : vous êtes à peindre de propreté à l'extérieur, c'est vrai, mais le sang, mais le cœur ? quel réceptacle de corruption et de pourriture ! c'est sans remède, le germe du bien est détruit en vous. Chez ces malheureux l'espoir reste au moins, car l'écorce seule est viciée peut-être.

Mais si vous êtes immoraux, vous êtes intelligens ; or, je vous le demande, pour trouver les véritables auteurs de ces émeutes de *bas étage*, ainsi que le télégraphe les a baptisées, ne suffirait-il pas de savoir à qui elles profitent ? est-ce à vous ? est-ce à nous ? est-ce enfin à ces malheureuses dupes à qui l'on promet richesses et jouissances et qui ne trouvent que la prison et le pain noir.

Que pouvons-nous y gagner nous si le but est tantôt de mettre à contribution les banquiers de France pour la cause sacrée du peuple : avec quelques écus de plus aurons-nous la réforme électorale ; ou bien en incendiant un port détruirons-nous les privilèges et l'orgueil des parvenus.

Que peuvent y gagner ces malheureuses victimes à la merci de ceux qui les dirigent ; que veulent-elles, que peuvent-elles ? participer de leurs bras à l'œuvre qu'on leur indique. Pour extravagant que soit le but du complot, c'est faire trop d'honneur à leur intelligence que de croire qu'ils ont pu l'inventer.

Comment sous leur direction cet ensemble de moyens pour l'atteindre, ces conciliabules pour se concerter, ce mot d'ordre pour se trouver réunis le jour de l'action ; comment tout cela dis-je a-t-il échappé à l'œil de votre pouvoir occulte ; comment de pareils conspirateurs ont-ils pu jouer si long-temps cet argus muet qui voit dans l'ombre, qui se glisse dans les ténèbres et qui, légalement immoral, pour se rendre nécessaire dans son infernal ma-chiavélisme, fait commettre plus de crimes qu'il n'en empêche ; s'il n'a rien su, que penser de sa clairvoyance ; s'il savait tout et n'a rien empêché, que penser de la moralité de ses maitres.

Non, ce complot eût-il profité à ces malheureux, il ne peut avoir été fabriqué par eux.

Il est d'une autre fabrication ; mais les ouvriers employés à son confectionnement ne sont pas fort adroits, et je crains bien qu'ils reçoivent une répri-mande de ceux qui les payent ; car encore faut-il sauver les apparences et mettre quelque dextérité à faire le mal.

On a fait répandre des fausses nouvelles : le roi était mort selon certaines gens, qu'il est imprudent de nommer, fauteurs de complos, anarchistes de *bien bas étage* (ne point confondre avec ceux du télégraphe). Réunissez-vous, patriotes, on vous y invite ; tout est calme, tranquille ; la police dort, les troupes sont peu nombreuses ; il ne s'agit que d'un coup de main facile. Le roi mort, c'est nécessairement une révolution.

Et cependant personne ne mord à l'hameçon ; fait incroyable, tous sont raliés subitement à ce qui est ; il n'est plus de mécontens, sauf ceux qui veulent l'émeute et qui ne peuvent la faire étoffée, consistante, capable enfin de leur faire honneur.

Diviser pour régner n'est point un principe nouveau, mais il est toujours bon à suivre. Qu'importe à certaines gens la moralité d'un fait quand il peut leur être profitable ?

Hommes de progrès poursuivons notre tâche ; lutons contre la calomnie ; n'avons-nous point en nous un guide sûr, qui ne trompe jamais ; soyons de pair avec lui et méprisons le reste.

Ramenons par notre exemple, par nos leçons, par nos paroles les malheureux qui s'égarent, qui souffrent et qui sont dans l'ignorance ; ne les méprisons pas, ce sont nos frères. Souvenons-nous que l'homme qui se retire dans un égoïste isolement ne fait pas son devoir. Ce n'est pas tout de ne point faire le mal, il faut faire le bien ; il faut surtout empêcher le mal quand on le peut. Laissons nos ennemis nous mépriser ; accomplissons notre œuvre, mêlons-nous avec ceux qui s'égarent, non pour nous égarer avec eux, mais pour les ramener ; il faut du courage, je le sais, pour braver la médisance, la raillerie, mais sans la dificulté où serait le mérite.

Déclamer contre le vice ne suffit pas. Tendons la main aux malheureux, aux coupables, aux aveugles; si nous les délaissons qui les consolera, qui pourra les ramener au bien; ce sont nos frères, nos égaux, ayons le courage de nos opinions, empêchons-les de faillir et nous aurons bien mérité de l'humanité. Si nos ennemis nous confondent avec eux, laissons-les faire; s'ils rejettent sur nous leurs vices et leurs fautes, levons la tête et gardons le silence; nous n'avons pas à nous laver de pareilles imputations.

En même temps que le Fils-de-l'Homme tonnait contre les pharisiens il pansait le paralitique.

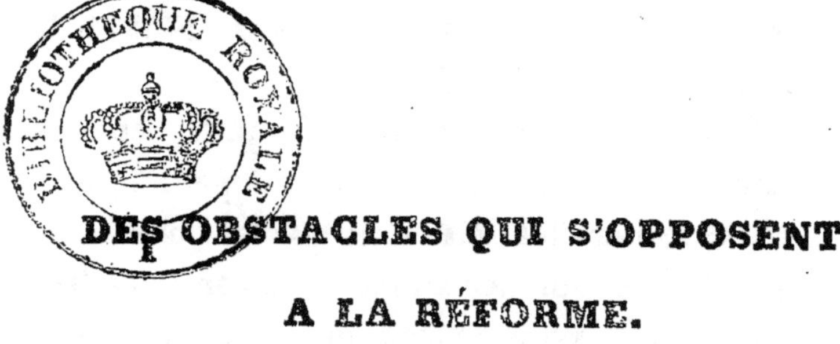

DES OBSTACLES QUI S'OPPOSENT

A LA RÉFORME.

(2ᵐᵉ Article.)

1ᵉʳ mai 1841.

Sept millions huit cent mille individus demandant une chose juste, bonne et équitable, à deux ou trois cent mille individus de la même espèce et ne pouvant l'obtenir, c'est un fait qui dépasse toute croyance, surtout si l'on considère sur quels motifs futiles s'appuient ces derniers pour la refuser.... Combien ceux qui possèdent cette chose ont peu des droits pour la posséder seul !

Rien n'est plus étonnant, sauf la bonhomie de ceux qui demandent, et l'audace de ceux qui refusent.

C'est toujours la lutte des deux principes, se rencontrant ici sur un nouveau champ de bataille : le pouvoir absolu, représenté cette fois par

5

deux cent mille participans , et celui de la souveraineté populaire , représenté , comme toujours , par ceux qui sont exclus ; ou , encore en d'autres termes , la lutte incessante du bien contre le mal.

Voyons ce qui dans cette lutte disproportionnée, donne jusqu'ici l'avantage au petit nombre soutenant l'injustice.

Le premier principe a pour lui, d'abord le fait de la possession ; ensuite l'union entre ses membre, et en définitive la calomnie. L'autre à la justice , le nombre et la calomnie aussi, s'il peut toute fois être possible et profitable de calomnier le mal; mais que d'obstacles aussi, venant de lui, qui annihilent le nombre et voilent la justice !

C'est à indiquer ces obstacles que nous bornerons notre tâche dans cette livraison. Libre dans notre allure nous pourrons ici dire toute la vérité, car nous parlerons à nos amis; et il n'est pas défendu, que je sache, lorsqu'on lave son linge en famille , de tenir ouvertes les portes de la buanderie.

Mais n'est-ce pas imprudent peut-être de tout dire, de tout dévoiler aux yeux de nos adversaires, d'avouer nos défauts, d'indiquer notre côté faible , et ne serai-je pas cet imprudent ami auquel le fabuliste préfère un prudent ennemi? Non, répondrai-je ; car, ne voulant que le bien, nous ne pouvons que gagner à dire la vérité én tout et sur tout. Et puis je veux être cru, moi, et, à défaut d'autres talens, d'autres qualités, briller par ma franchise.

On conçoit que si tous les obstacles venaient de nos adversaires, s'il ne s'agissait que de réduire en eau claire leurs sophismes et de ne point s'épouvanter des fantômes créés par eux, il est nombre de gens parmi nous assez éclairés pour relever l'erreur, la mauvaise foi et leur crier au milieu de la foule : Je te connais, beau masque, c'est l'intérêt qui te fait mouvoir. S'il ne fallait que lutter franchement avec eux, la besogne serait bientôt faite ; il y aurait même lâcheté de notre part, trente contre un, je vous le demande....

Mais tout n'est pas là malheureusement.

La plus puissante cause de notre misère vient de nous, c'est notre désunion. Le jour où nous serons d'accord pour demander ce que nous voulons, ce que nous devons vouloir du moins, nous n'aurons pas grande peine à l'obtenir ; nous verrons alors venir à nous les plus obstinés de nos adversaires ; au lieu de les supplier, ils nous supplieront ; au lieu de fléchir, nous serons les maîtres ; eux avec nous, et cela doit être.

Celui qui parviendrait à nous unir aurait tout fait, l'humanité lui devrait des statues.

Telle n'est pas ma prétention : dans ma faiblesse, indiquer quelques causes de cette désunion, marquer quelques faits, c'est tout ce que je puis, laissant à d'autres la tâche du savoir et de l'éloquence, celle de convaincre et de persuader.

Parmi les causes de cette désunion, véritable force de nos adversaires, seul et unique motif de notre vasselage, il en est deux bien puissantes : la fausse honte des uns et la méfiance des autres. Et, s'il faut que je le dise, le pouvoir aidant, ces deux causes ne sont pas prêtes à disparaître ; aussi l'unique but de nos gouvernans c'est d'avilir les uns et de rendre les autres suspects par l'exemple de ceux qu'il a déjà corrompus. Vous faites cause commune avec la canaille, dit-il à ceux-ci ; ceux qui vous poussent ne pensent qu'a eux, dit-il a ceux-là. Voyez, ils n'ont que des vices et des haillons, le blasphème et l'ivrognerie. Rien ne leur sourit, après cela, dit-il aux premiers ; aux seconds : Qu'avez vous gagné en mil huit cent trente ? rien, au contraire ; il en sera de même à une nouvelle révolution. Le peuple perd toujours a changer, il n'y a jamais que les intrigans qui gagnent.

Le pouvoir se condamne, c'est vrai ; mais qu'importe pourvu qu'il reste ?

Et les uns et les autres nous nous laissons prendre à ce langage machiavélique : c'est que nous sommes aussi des hommes, c'est qu'effectivement les causes premières de cette désunion ne viennent pas de nos gouvernans, mais de nous, de notre nature ; le pouvoir ne fait qu'exploiter pour son plus grand profit nos défauts et nos passions.

Pourquoi ne pas le dire, pourquoi le cacher ? en sera-t-il moins ainsi parce que nous le tairons ? Oui, il en est parmi nous qui n'ont pas toutes les qualités du véritable patriote ; il en est de même parmi nous qui n'en ont aucune. Quelques-uns, tournant les yeux, en haut ne crient que parce qu'ils en voient au-dessus d'eux ; ils ne comprennent l'égalité que pour être autant que ceux qu'ils envient et desquels ils convoitent la position. Donnez-la leur cette position, ils seront aristocrates, nobles, museleurs, rétrogrades, appologistes du privilége, peut-être les pires de nos ennemis ; j'en fournis au besoin pour preuve celle indiquée par nos gouvernans : mil huit cent trente !

Ceux-là peuvent se diviser en deux classes ; l'une, peu nombreuse, essentiellement égoïste, ne voit que le but qu'elle convoite, que le degré qu'elle veut atteindre ; si elle tourne ses regards en arrière, c'est dans le désir de voir ceux qui devraient la suivre rester stationnaires. Le plus ou le moins d'intervalle qu'elle pourra mettre entre elle et nous, la rendra plus ou moins heureuse ;

qu'aucun ne la domine, bien entendu, toujours relativement aux talens ou à la présomption de chacun de ceux qui la composent, c'est tout ce qu'elle demande.

Nous pourrions dire de cette classe pour laquelle le paysan de la Nièvre semble avoir inventé sa devise par sa belle maxime : *Chacun pour soi*, et dont Thiers, par exemple, serait la personnification : elle n'est pas des nôtres.

Les seconds, bien plus nombreux, poussés aussi par le même mobile, c'est-à-dire l'envie d'atteindre ceux qui les précèdent, sont heureux en même temps de voir arriver graduellement ceux les suivent; ils veulent le progrès pour eux d'abord, mais le bonheur de leurs frères, loin d'empêcher leur bonheur à eux, l'augmente : sans leur intérêt bien manifeste, ils ne seraient pas des nôtres, mais nous, en serions-nous, sans cela ? Oh ! ce n'est pas un crime de s'aimer soi premièrement, c'est une loi de la nature qu'on ne peut enfreindre sans périr; mais c'en est un bien grand de s'aimer seul exclusivement: ce crime, heureusement, est plus rare qu'on ne pense.

Descendez l'échelle jusqu'au dernier degré, vous trouverez plus rarement l'égoïsme exclusif que dans les degrés d'en-haut. Ce vice est ordinairement le triste partage du sceptique de la haute société; mais vous trouveriez partout cet amour de soi , ce *primo mihi* qu'il ne faut pas confondre avec le *chacun pour soi* du philosophe Dupin; partout où quelque chose est animée, vous trouverez, dis-je, ce grand mobile jeté en nous par la nature pour la conservation de tous les êtres qu'elle a créés.

Nous , qui n'avons plus à regarder en bas parce qu'au dessous de nous il n'est plus rien, si nous écoutons nos adversaires dans leurs spécieux raisonnemens, tous les hommes sont nos ennemis ; et, en effet, ils le sont, si c'est l'être de s'aimer avant de nous aimer. Mais descendons en nous-mêmes et voyons s'il n'est pas injuste de leur faire un crime de ce qui n'est que la conséquence de leur être ; voyons si nous ne sommes pas comme eux , si nous ne partageons pas aussi les vices attachés à notre organisation ; voyons si chacun de nous ne serait point volontiers le centre unique où viendrait converger incessamment le bonheur général ; voyons si l'amour de nous-mêmes n'est pas notre mobile le plus puissant.

S'il en est ainsi, cessons de croire ce que disent nos adversaires ; acceptons l'homme, ne sondons point sa nature : hommes nous-mêmes n'en partageons-nous pas tous les défauts?

Déduisons seulement, de ce qui précède, que si l'homme est mu essentiellement par son intérêt ou par ce qu'il croit être son intérêt, il ne s'agit plus pour reconnaître nos amis et nos ennemis que de bien distinguer l'intérêt d'un chacun : or, si nos gouvernans profitent de ce qui est, veulent empêcher ce que nous voulons, leur intérêt sans doute est opposé au nôtre ; partant, je le répète, méfions-nous de leurs conseils pernicieux.

Si mon voisin demande la même chose que moi, je n'ai pas à m'enquérir du mobile qui le dirige. Partons, lui dis-je, car nous faisons même route. Chemin faisant, je le vois dévier du but de notre voyage ; d'autres compagnons me restent, je poursuis et me dis : Mieux vaut encore celui-là que ceux qui me conseillaient de rester stationnaire ou de prendre une autre route ; si je les avais crus je serais bien plus éloigné de l'objet que je veux atteindre. Mon voisin n'a pas été jusqu'au bout, il a subi une influence contraire, c'est vrai ; mais enfin nous partîmes ensemble, il s'est arrêté non loin de nous, il aida quelque temps à égayer le voyage ; je le préfère à ceux qui voulaient me tromper avant le départ.

Les conséquences de ce raisonnement doivent nous conduire sans peine à comprendre que nos seuls adversaires actuels sont ceux qui ne veulent pas la réforme électorale, et que tous ceux qui la demandent sont des nôtres. Que de la réforme électorale chacun en attende un résultat différent, ce n'est pas ce que nous devons considérer ; dans cette mesure peuvent se confondre toutes les opinions, tous les intérêts. En demandant que chacun ait voix délibérative au grand conseil de tous, nous devons admettre les opinions diverses, et, sans croire la nôtre la meilleure, nous soumettre d'avance au vœu de la majorité.

Il serait fort extraordinaire que pour demander une mesure qui n'admet pas de privilége ni d'exclusion, nous fissions des catégories et voulussions exclure, sous quelque prétexte que ce puisse être. Amis de la liberté et de l'égalité, n'ajoutons plus : *ou la mort !* nous n'en avons pas besoin pour faire triompher notre système. Si nous demandons que tous soient représentés, que nous soyons tous libres de manifester notre opinion, notre volonté ; nous admettons hautement des opinions contraires aux nôtres et l'intention de nous soumettre au vœu de la majorité (c'est assez essentiel pour que je me répète); sans quoi, si une minorité devait commander encore, détruisant notre principe en croyant le faire triompher, nous prouverions l'impossibilité de ce que nous demandons.

Ne nous divisons point, notre demande n'admet pas de divisions. Partisans du pouvoir absolu, soutiens intéressés du pouvoir actuel pour lequel on n'a pas encore inventé un nom assez explicite , francs tenanciers d'une république , preux chevaliers du noble duc, vous tous dont les opinions peuvent être des rêves , vous qui, par intérêt , par conviction peut-être arborez un drapeau que vous croyez le bon sans doute, qui pensez avoir la majorité pour vous ou qui croiriez l'avoir si vous pouviez l'éclairer, unissons nos efforts ; nous sommes tous dans le vrai si nous voulons tous la réforme; nous sommes tous dans le juste si nous avons sans arrière-pensée l'intention de nous soumettre à la majorité.

Nos gouvernans seuls , avec la même conviction que nous , c'est-à-dire persuadés d'avoir la majorité pour eux (supposition fort hypothétique), ne doivent pas vouloir dans leur intérêt la réforme électorale : pourquoi consentir à jouer une partie dont ils fourniraient seuls l'enjeu ?

Aussi nos gouvernans doivent seuls être nos ennemis , tous les autres doivent être accueillis par nous à la moindre démonstration de leur part ; nous ne pouvons les refuser sans faillir à nos principes et au privilége de ce qui est juste : c'est le seul cas peut-être ou la réunion de tant d'opinions diverses puisse avoir lieu pour concourir au même but sans immoralité.

Croyons que tous ceux qui demandent la réforme électorale ont intérêt à le faire, je le veux bien ; mais ne les confondons pas avec ceux qui dans leur intérêt aussi ne veulent pas de la réforme ; il y a toujours entre eux l'immense intervalle qui sépare la vérité du mensonge.

D'après mon raisonnement, ce n'est point parce que nous la voulons qu'une chose est juste ou injustes, nos volontés diverses ne changent rien à cela ; ce n'est point aussi parce qu'une chose est juste ou injuste que nous la voulons, mais parce qu'elle est dans notre intérêt, me dira-t-on peut-être, et dès lors où est le mérite à vouloir une chose réellement juste si l'intérêt seul est le mobile de ce vouloir ?

Reconnaissons au moins, répondrai-je, qu'il est fort heureux pour nous que notre intérêt se rencontre avec la justice : d'abord pour le fait seul en lui-même, ensuite parce qu'avec un peu de bonne volonté on peut aller jusqu'à supposer que bon nombre d'entre nous peuvent avoir consulté en même temps et leurs intérêts et leur conscience, supposition d'autant plus plausible si l'on admet, comme je l'ai déjà dit, qu'il est peu d'hommes, surtout parmi nous, chez lesquels l'égoïsme exclusif ne laisse plus de place à d'autres sentimens.

Rendons ceci plus clair par un exemple. Il est sans doute parmi nous nombre de patriotes qui en mil huit cent trente ont aidé de tous leurs moyens à renverser ce qui existait, supposant, je pense, atteindre un meilleur résultat ; il en est qui, payant de leurs personnes lors des *glorieuses*, furent embrassés, fêtés, choyés, mais supplantés enfin par d'autres grands patriotes sortis des caves. où la prudence les avait blottis. Comment se fait-il que les premiers aient été remplacés par les seconds ? Ceux-ci étaient-ils plus dignes ? avaient-ils plus de droits ? étaient-ils plus capables ? Les uns avaient-ils démérité parce qu'ils s'étaient battus ? Fallait-il indemniser les autres de leurs frayeurs ? La reconnaissance est-elle un fardeau pour certaines gens ? L'ingratitude est-elle toujours le partage des têtes couronnées ? Non, rien de cela : ils étaient d'une école différente, voilà tout. Les premiers subordonnaient leurs intérêts à ce qu'ils croyaient juste ; les autres trouvaient juste ce qui était leur intérêt.

Ce serait faire faire trop d'honneur à ceux-ci, trop d'injures à ceux-là, que de les comparer. Dire donc au peuple : Ceux qui vous poussent sont des intrigans, c'est dans leur intérêt, vous ne gagneriez rien à un changement, eux seuls y gagneraient ; c'est de la calomnie toute pure ; les comparer à soi pour les rendre méprisables et odieux, c'est ne pas manquer d'adresse, mais c'est d'un cynisme épouvantable qui dépasse ce qu'on a vu jusqu'à ce jour de plus fort en ce genre ; c'est mentir, enfin, sciemment avec connaissance de cause, dans son intérêt, pour son profit : le *soit pourvu que je règne* n'avait point encore été si salement appliqué.

Si parmi bon nombre de patriotes auxquels on a offert des emplois, des charges, des pensions, médailles, je ne parle ponit ici des croix-d'honneur, article à part, peu demandé sur place, sauf par les jobards du système, cotées un quart en sous des plaques du garde-champêtre et qui n'ont une valeur réelle, comme le zéro, qu'en compagnie d'autres signes numériques ; si, dis-je, il en est qui ont refusé, d'autres qui ont accepté, il faut bien chercher une cause à cette différence : n'est-ce pas peut-être que l'on mettait des conditions à ces offres, que les uns trouvaient onéreuses et que les autres acceptaient quand même ?

Les acceptans ne seraient-ils point ces hommes dont nous parlions tantôt, dans le cœur desquels l'égoïsme exclusif domine et étouffe tout autre sentiment ? et les autres, cette classe plus nombreuse, agissant aussi dans son intérêt, mais le subordonnant avec ce qu'ils croient bon, et tâchant de le faire marcher de conserve avec la justice.

Oui, il est permis de le croire.

Dès lors plus de comparaison à établir. Quand on nous dira que c'est dans leurs intérêts que des patriotes veulent un changement, nous pouvons répondre : Sans doute, ils veulent des places, des traitemens, c'est possible encore ; mais toujours est-il que ce doit être à d'autres conditions que vous : car il serait bien étrange et bien maladroit, pour courir le cerf et avoir part à la curée, de se mettre en travers de la meute qui glapit à sa poursuite.

Rien n'est inutile dans ce monde ; les événemens qui n'ont aucun résultat immédiat pour l'humanité, portent avec eux des leçons pour l'avenir. C'est une grande épreuve que notre dernière révolution : le bon grain et l'ivraie ont été séparés par le grand crible de mil huit cent trente; vouloir les confondre encore, c'est impossible. Le char du progrès avait besoin, pour marcher vers ses destinées, d'être débarrassé de cette bande avide et affamée qu'on ne peut faire taire en leur jetant le budget pour pâture ; qui, toujours plus insatiable quoique, repue ne cesse de pousser des hurlemens épouvantables et jette incessamment, toujours avec une nouvelle force, ce cri effrayant et dévastateur : Encore ! encore !

Non , plus de méfiance, patriotes, plus de méfiance ; tous ceux qui veulent la réforme sont des nôtres ; mais aussi, patriotes, plus de dédain : il n'est, on la dit avant moi, qu'une union impossible, c'est celle du crime et de la vertu.

Plus de dédain, plus de mépris , vous qui semblez rougir de vous dire patriotes parce que le peuple se dit patriote aussi, vous dont les principes sont bons, mais qui vous laissez gouverner par le ridicule; plus de honte : il n'y en a point: ceux dont vous rougissez valent autant que vous et plus que ceux qui vous raillent; leur langage est moins poli que le vôtre, leurs habits sont plus grossiers, est-ce là ce qui vous offusque? leurs intentions sont meilleures peut - être , leur tâche est plus utile sans doute. Prenez garde car ils pourraient rougir de vous ; leurs travaux sont rudes, sur eux pèse la plus grande part du fardeau commun , c'est de leurs fronts que suintent avec la sueur les produits divers qui vont alimenter inégalement et l'oisif ignorant qui les, méprise et le philosophe que les admire , et l'enfance qui ne peut rien encore , et la vieillesse qui ne peut plus.

On leur prête des intentions mauvaises, à ces hommes qui ne vivent que pour travailler; on les accuse d'ignorance et on les méprise, parce qu'ils ne savent pas le jargon vide et pompeux que nous apprend un rétheur bourré de grec et de latin , parce que peut-être ils ne savent pas mettre avec grace une cravate. Mais où en serions-nous tous si, comme la plupart de nous, ils ne savaient rien que cela ? Dans l'état de société, où l'homme vit nécessairement aux dépens des autres, a dit le philosophe de Genève, il leur doit en travail le prix de son entretien ; cela est sans exception. Travailler est donc un devoir indispensable a l'homme social, riches ou pauvres, puissans ou faibles ; tout citoyen oisif est un fripon.

L'ouvrier, le laboureur n'auraient-ils pas à rougir de leuralliance avec nous, qui, par notre oisiveté ou nos travaux futiles, serions embarrassés de dire comment nous rendons à la société ce que nous en recevons ?

Il est des cerveaux étroits qui ne jugent le mérite d'un homme que par la coupe de son habit : ce sont les fats. Et savez-vous ce que c'est qu'un fat ? C'est un être organisé qui préfère l'apparence à la réalité, qui use autant de temps et de peine pour paraître ce qu'il désirerait être, qu'il lui en faudrait pour le devenir. A défaut de courage, il laisse pousser sa barbe au menton pour paraître terrible ; au lieu d'acquérir du savoir, il jure par Gall et Spurzheim, il fait raser et mettre à nu ses pariétaux ; ne distinguant point le bon et le mauvais, il laisse pousser ses ongles pour qu'il témoignent de son oisiveté ; il se croit homme et n'est qu'un grand enfant, un imbécile; sa plus grande ambition est de passer pour un tableau de maître, et il n'est le plus souvent que la ridicule ébauche d'un écolier. Mais je sors de mon sujet, un fat n'est point patriote : il faudrait, pour qu'il le fût, dorer le bonnet phrygien et le surmonter d'une marotte.

Les patriotes sont ceux qui estiment les hommes d'après leur utilité, qui n'en méprisent aucun, hors celui qui veut vivre aux dépens des autres, qui plaignent les malheureux et les ignorans, et voudraient instruire pour améliorer.

Bannissons d'un côté la méfiance, de l'autre côté la fausse honte : ce ne sont que des fantômes auxquels nos gouvernans prêtent un corps.

Pour marcher vers le progrès unissons-nous tous ; assez d'obstacles nous sont opposés sans que la division les rende insurmontables. Souvenons-nous que si la force est une puissance, l'intelligence en est une aussi, et que ce n'est que par le concours de ces deux moyens que nous atteindrons le but. Donnons-nous des chefs, mais choisissons-les parmi ceux qui ne voudraient pas devenir nos maîtres; le signe auquel nous les reconnaîtrons n'est point au dessus de notre intelligence. L'homme juste porte en lui un parfum qui le fait distinguer ; redoutons surtout ceux qui flattent nos passions et veulent nous entraîner à des excès: ce sont nos plus mortels ennemis. Nos pères ont succombé par là , et cependant ils avaient vaincu; tàchons que le même moyen ne nous empêche pas de vaincre.

Ne nous berçons point de chimères : l'égalité des fortunes n'est pas possible ; si elle l'était, ce serait non le bonheur, mais le malheur général , non la fortune mais la misère générale. Nous n'y croyons pas, je le sais, mais ne souffrons pas qu'on nous en parle ; le travail est nôtre tâche , et notre sort serait assez doux si nous profitions du fruit de notre travail.

Tous unis , nous n'avons plus qu'un obstacle à vaincre : c'est le découragement.

A quoi bon faire des révolutions si les révolutions ne profitent pas aux masses ? Qu'ont-elles gagné à celles qui successivement ont ébranlé le sol de la France depuis un siècle ? Telle est la question que vous adresse toujours un homme casé, ennemi du progrès et qui ne voit rien de beau comme le *statu quo*.

Cependant cet homme même qui vous fait cette objection ne doit peut-être qu'aux événemens politiques la position qui lui fait tenir ce langage.

L'ami du progrès, qui dit, lui aussi, les peuples n'ont rien gagné aux révolutions, ne parle que dans un sens relatif à ce qu'ils avaient droit d'attendre ; car dire que le sort du peuple n'est pas devenu meilleur en dépit des gouvernans , si vous voulez, c'est se refuser à l'évidence.

Tout gouvernement nouveau ne peut s'établir qu'en promettant aux masses la réalisation du bien et la cessation du mal qui les a fait insurger contre le pouvoir déchu ; et comme les idées marchent toujours , il s'ensuit que chaque nouveau pouvoir doit marcher aussi avec le siècle et octroyer une charte plus libérale.

Une fois établi , chaque gouvernement se met à l'œuvre pour enlever petit à petit ce qu'il a été contraint de donner ; c'est la marche de toute minorité possédant le pouvoir ; vouloir qu'il en soit autrement , c'est vouloir l'impossible ; mais il est toujours arrêté par ce maître qu'on ne joue pas en vain , avant que tout le bien qu'il a été forcé de faire ait été détruit par lui.

De sorte que toujours il y a progrès à chaque changement ; tellement que s'il n'y avait que ce moyen pour arriver, j'accepterais volontiers tous les prétendans possibles , à la charge par nous de les remplacer successivement avant que leurs alentours nous pussent escamoter, dans leur avidité , ce qu'ils nous auraient promis dans leur ambition; et poussant ainsi continuellement d'un changement à un autre nous finirions, par atteindre notre but.

Le peuple se fatiguerait bientôt de cela ! Dites plutôt les gouvernans ; car je pourrai demander à mon tour : Que perd le peuple aux révolutions ? Que peut-il perdre, en effet? Les révolutions entraînent, il est vrai, la guerre, des dissensions intestines, la famine ; et qu'importent au peuple tous ces fléaux? C'est l'heureux qui les redoute, le pauvre pâtit toujours. C'est même une satisfaction pour lui de ne point voir des heureux insulter à sa misère ; il est bien moins grand le tourment pour celui qui souffre, si c'est la loi générale, que s'il est seul à souffrir. Au lieu de redouter ces fléaux pour le peuple, redoutez-les pour vous ! Ce qui n'est pour lui qu'une peine légère est pour l'heureux un supplice horrible. Les révolutions emportent toujours quelque chose : à celui-ci ses biens, à celui-là ses honneurs, à l'autre sa couronne ; il disparaît tantôt une famille, tantôt une dynastie, toujours quelques priviléges; par-ci par-là quelques maux s'en vont. Le peuple ne peut y laisser que sa misère, il n'a que cela; tout change ment pour lui est un bénéfice ; il est vivace, le peuple; il attire à lui, par son attraction, tout ce que les grands perdent; il s'arrondit par leurs héritages, il reprend son bien enfin partout où il le trouve. Ah! les révolutions sont les amies des peuples, ils ne doivent pas les redouter!...

Elles n'ont point encore produit le résultat que nous devions en attendre, c'est vrai; aussi, si nous avions atteint ce résultat, nous n'aurions plus rien à faire : mais parce que nous ne sommes pas encore au terme du voyage, faut-il désespérer d'y parvenir? Non : du courage; le but est direct, il est rapproché, devant nous.

Semblables à des naufragés battus long-temps par les flots, luttant contre les vagues, ne sachant où diriger la planche à laquelle est confié notre salut, nous apercevons enfin le rivage; encore quelques brasses et nous y sommes. Concentrons nos efforts au lieu de les diviser; nous avons besoin de toutes nos forces pour surmonter la violence des dernières vagues et éviter les écueils de la rive. Ce n'est plus une chimère, une illusion : voilà bien les arbres sous lesquels nous goûterons le repos! La nuit, la brume et le crépuscule ne voilent plus l'objet de nos désirs! Il fait grand jour. Voyez! le soleil ne fut jamais plus éclatant! Du courage, pour le bonheur de tous! Enlevons à l'homme l'intérêt de mal faire en soumettant les minorités aux majorités. Tout est là.

C'est aujourd'hui la fête du Roi ; aujourd'hui aussi l'Eglise reçoit dans son giron un enfant né comte comme les nôtres naissent malheureux , un enfant qui doit surmonter un jour son front d'une belle couronne. Que le baptême lui soit léger !

Ce doit être pour nous un jour doublement heureux, peuple ! livrons-nous à la joie ; on nous y convie : c'est aujourd'hui la fête du Roi !

L'institution des fêtes fut toujours pour le législateur une étude essentielle. On peut reconnaître la tendance d'un peuple par les fêtes qu'il célèbre. La plupart ont été instituées pour marquer les époques mémorables de leur histoire : leurs triomphes et leurs héros parmi les peuples guerriers ; leur bienfaiteur, la moisson et la vendange, pour les peuples agriculteurs. Parfois aussi une fête n'est-elle instituée que pour rappeler un jour néfaste, une grande calamité.

Toutes les fêtes de tous les peuples ont leurs

causes bien précises : ainsi Dieu lui-même sancti-
fia le septième jour pour se reposer dans son œuvre ; les Juifs célébrèrent la Pâque en mémoire de
leur délivrance des mains de Pharaon , la fête des
purins en souvenir de l'avantage que leurs ancê-
tres avaient remporté sur Aman , qui voulait détruire leur nation ; les Perses célébraient des fêtes
en l'honneur de la liberté , dans lesquelles on pro-
menait sur un taureau un mannequin paré des or-
nemens royaux ; puis, la promenade terminée ,
on jetait au feu le mannequin. Ce peuple supposait
peut-être toute liberté impossible avec la royauté ;
les barbares ! Les Egyptiens chômaient en l'honneur du Nil et se livraient à la joie parce que le
Nil féconde l'Egypte ; les Athéniens fêtaient Aratus,
qui avait délivré Athènes de la tyrannie des Ma-
cédoniens ; les jeux alectoriens en mémoire du
courage que Thémistocle avait inspiré à son armée
par un combat de coqs ; à Rome, les *Fugalia*,
les *Matronalia* pour rappeler, les premières, l'ex-
pulsion des Tarquin ; les secondes, en mémoire des
dames romains , dont la médiation fut si heureuse
dans la guerre contre les Sabins de Tatius.

En France, nos pères ont célébré le quatorze
juillet, la prise de la Bastille ; le vingt-deux septembre , la fondation de la république ; le 21 janvier, une fête commémorative. On lisait ces

jours-là, sur le fronton du temple de la Victoire, aujourd'hui Saint-Sulpice, ces vers de Voltaire :

> Si dans la république il se trouvait un traître
> Qui regrettât les rois ou qui voulût un maître,
> Que le perfide meure au milieu des tourmens !

Et chacun battait des mains devant cette inscription, et le peuple se livrait à la joie et, la fête était imposante, majestueuse, grande, comme tout ce que fait le peuple.

Mais comme de ces fêtes il résultait une espèce de culte pour la divinité fêtée, les peuples soumis au joug, les princes, les rois, lesmaîtres, consultant moins les sympathies de la nation que leur propre intérêt, imposaient des fêtes en leur honneur pour diviniser en quelque sorte leur mémoire après leur mort, et surtout leur domination pendant leur vie.

Ils décrétaient donc la joie et allumaient leurs lampions administratifs, organisaient la danse et faisaient payer les violons ; on s'amusait beaucoup par ordre, et le peuple et les grugeurs du peuple avaient hâte de voir finir l'infâme comédie d'une journée qui n'avait brillé que par un feu d'artifice.

Ainsi en usèrent les empereurs a Rome, ainsi les rois de France ; quoique les uns eussent nom Tibère, Néron ou Caligula ; les autres..... mais

qu'importe les noms ? Pourquoi ces fêtes, pourquoi cette joie de commande demandée au peuple
comme une sorte d'imposition ? Que les grands
s'amusent, que les princes et leurs valets se livrent
au plaisir, je le conçois, c'est la fête de leur idole,
mais le peuple !... Oui, vraiment, il doit être dans
l'allégresse, surtout s'il est assez malheureux pour
qu'on lui dise : Tiens ! voilà du pain, mange et
crie : Vive le Roi ! car c'est aujourd'hui sa fête, et
c'est lui qui te le donne ! Allons ! crie donc ! car
depuis un an tu n'en eus autant, et nous tâcherons
que tu n'en aies autant que dans un an encore,
afin que tu nous rapportes ce cri que nous te demandons : Vive le roi !

A ces fins furent instituées ces immorales dis-
tributions pour produire périodiquement cette joie
factice arrachée à l'ivresse de la misère, et ces cris
épouvantables poussés, dans leur exaltation fé-
brile, par des hommes remplis d'une liqueur em-
poisonnée, coulant de ces fontaines dont leurs
bourreaux ouvraient les robinets ; de telle sorte
que la fête la plus bruyante était celle où se trouvaient le plus de malheureux : ainsi voilait-on la
prospérité décroissante d'un état ; ainsi Tibère
provoqua-t-il plus de vociférations que Titus.

Dans le besoin de se faire illusion à eux-mêmes,
les tyrans se contentaient de cette joie à gages, et,

pour tromper lenrs esclaves, la transformaient le lendemain en assentiment de reconnaissance rendu par le peuple, heureux de vivre sous leur paternelle domination.

Ainsi, enfin, les fêtes, qui, chez un peuple libre, marquant leur gloire, leur délivrance, leur bonheur, font rayonner sans effort la joie et le plaisir sur le visage de tous les citoyens, furent transformées par le despotisme en un jour de gaité arrachée à leurs victimes par la plus machiavélique des libéralités.

Cependant tout ceci est dans l'ordre. Qu'attendre d'un peuple qui ne sait pas être libre ? Instrument du tyran qui le commande, il s'amuse quand on l'ordonne, rampe toujours parce qu'on ne lui permet que cela ; fort heureux, dans l'excès de sa misère, s'il peut, un jour dans l'année, remplir sa panse et crier : Vive le Roi !

Mais fêter un roi dans un système représentatif, sous un gouvernement à trois manivelles fonctionnant de concert ou en sens inverse, peu importe, le tout appuyé sur le principe de la souveraineté populaire ! Dans un pareil gouvernement fêter un roi, c'est pour le peuple une inconséquence funeste, et pour le prince un acheminement vers le despotisme.

Qu'est le roi dans un pareil gouvernement ? pas

de flagornerie, qu'est-il? Une idole, le maître, le pouvoir qui représente les deux autres, le plus grand de tous les pouvoirs dans cette nouvelle et absurde trilogie? Voyons! Le tout fonctionne-t-il sous sa direction? Déchirons la charte alors. Le principe en vertu duquel il règne est-il une vérité? Le monarque n'est-il que la personnification de ce principe, le représentant de la souveraineté populaire, ainsi que cela devrait être? Qu'on le dise; mais alors pourquoi la fête du Roi?

Un peu moins de hâte, s'il vous plaît, et nous, peuple, fêtons le véritable souverain. Le maire du palais, votre ancêtre, quoique maître depuis long-temps, ne fut véritablement roi et sacré à Reims qu'après la mort du dernier des Carlovingiens. Tuez le principe qui nous régit, ce n'est pas assez de le rendre illusoire : les rois fainéans portaient encore la couronne.

Vit-on jamais un intendant imposer à son suzerain, comme fête de famille, l'anniversaire de sa naissance?

Peuple, réjouissons-nous, il y a de quoi vraiment, devant cette layette magnifique! Voyez ces joujous en or, ces perles, ces diamans! voyez ces homma-ges et ces flagorneries! Vous avez des enfans aussi? ne songez pas à leur misère, à leur nudité, à leur faim; tout est pour le mieux dans le meilleur du monde. A chacun sa part : celui-ci est le fils du roi, il doit régner un jour, il doit un jour commander à vos enfans, si rien n'entrave les projets de ses nobles parens; un jour il pourra dire : je suis roi par droit de naissance, nul ne peut me le contester. Ce qui implique nécessairement cet autre droit de nos enfans : si vous êtes pauvres, c'est par droit de naissance; aussi, si vous obéissez, c'est que vos pères ont obéi; si je commande, c'est que mes pères ont commandé. Peuple; fléchissons le genou! voilà le présent magnifique que nous transmettrons à nos neveux. Tout s'enchaîne dans les événemens; la logique des faits est bien plus rigoureuse que celle du raisonnement. Rien n'est pas le hasard; tout naît d'une cause, tout périt par une cause. Cette magnifique épée offerte par les fidèles sujets de celui dont nous fêtons la naissance, pourrait bien être un jour tirée pour soutenir des droits que voudraient méconnaître les enfans de ceux qui l'ont offerte. Serait-ce justice? je ne dis pas cela, mais il est des présens bien funestes : l'huile sainte et l'eau du Jourdain ont plus de vertu qu'on ne leur suppose. Misérables humains! on nous mena de tous temps par de pareils moyens, par des talismans semblables : il n'était pas un sot celui qui inventa la sainte-ampoule. Pourquoi rendre à un enfant des hommages qu'il ne comprend pas?

s’il les comprenait, pourquoi les lui rendre encore ?
S’il vous faut des fêtes et des spectacles choisissez
mieux vos sujets; si ce sont vos maîtres qui vous les
donnent, refusez-les ! Ces plaisirs sont payés trop
chers par les conséquences qu’ils entraînent.

Une seule chose pourrait nous réjouir en ce jour:
c’est de voir le fils du maître recevoir le stygmate
de l’égalité, le signe de l’affranchissement. L’eau
du Jourdain a, certes, comme nous l’avons dit, une
vertu miraculeuse ; mais le baptême aussi, ce sacrement qui régénère, ce sacrement qui nous fait,
non fils de roi ou de mendiant, mais enfans
d’une même mère ; ce sacrement mystérieux qui
seul a plus fait pour le bonheur du monde que
tous les rêves de tous les philosophes ; ce sacrement par lequel le néophyte entre dans une nouvelle famille, grande et puissante famille dans laquelle tous sont frères, dans laquelle tous doivent
s’entr’aider pour porter le fardeau commun ! Oh !
oui, le baptême a aussi une puissance surnaturelle!

Comment en serait-il autrement ? C’est ici surtout que la logique des faits ressort d’une manière
frappante. Si le grand apôtre de l’affranchissement,
celui qui fut plus qu’un homme, eût prêché sa
doctrine du haut d’un trône resplendissant de
perles et de rubis ; si les apôtres, se dispersant
pour baptiser le monde, avaient eu, au lieu de

coquilles de pélerins, des tuniques richement bro-
dées en soie et en or, ils auraient eu beau dire :
Nous sommes tous frères ! nul ne les eût crus. C'est
de la paille de son étable que le fils de l'homme a
pu dire : Nous sommes tous égaux ! les premiers
seront les derniers ! Et sans chercher même des
causes surnaturelles à la puissance de sa parole ,
je les trouve toutes dans le mystère de sa naissance. Le baptême est et deviendra plus encore la
seule cause de notre émancipation.

Pour vous , puissans de la terre , faites répandre
sur vos fronts l'huile mystérieuse , environnez vos
trônes de tout le prestige de la gloire et de la fortune ; que de vous seuls découlent les plaisirs qu'é-
prouvent ceux que vous appelez vos sujets ; choisissez pour les reprendre des jours qui rappellent
la justice de votre domination , la légitimité de
votre pouvoir ; mais alors soyez conséquens avec
vous-mêmes, craignez la logique inexorable des
faits , ne faites point répandre sur vos enfans l'eau
sainte de la régénération.

Et nous, peuple, livrons-nous à la joie; c'est
un jour bienheureux pour nous ! Rappelons-nous
Goritz et Schœnbrun , et crions : Hosanna !

9 782012 954908